JN440806

오늘의문학시인선 427

포도원의 품꾼

민사무엘 시조집

오늘의문학사

파독인

내 숨결 깊은 골에 검은 물이 흐릅니다
산처럼 쌓여 있는 탄 더미 파헤치며
내일의 행복을 위해 금화를 캐던 사람

오빠야 형제들아 부탁해 부모님을
3년을 약속하고 울면서 떠난 누이
백의의 천사가 되어 애국 혼을 심었다

탄 속에 묻힌 형제 영혼도 검어질라
이국땅 고이 잠든 시든 꽃 누나 얼굴
달 밝은 호수에 떠서 고향하늘 기린다

성경 시조집을 내며

언제나 어린이 주일학교 7살짜리 기쁨이가 시편 23편을 암송하는 모습을 보고, 나도 모르게 무릎을 치며 기뻐했던 것은 "성경 66권이 모두 우리 시조였더라면 누구나 저렇게 암송할 수도 있겠구나." 하는 번뜩이는 생각 때문이었답니다.

그로부터 30년이 지나서 막상 은퇴 후, 바쁜 사역에서 벗어나고 나서야 아득한 추억으로 남은 그날의 생각을 떠올려 먼저 준비된 성경시조를 시작으로 낙서처럼 여기저기 남겨놓은 졸작들을 모아 보았답니다.

후일에 누군가를 통해 성경 66권이 읽기 좋고 암송하기도 쉬운 우리 전통시조로 엮어져 출판될 그날을 기대해 봅니다.

2018년 여름에 민사무엘

추천사

세상에는 시를 잘 쓰는 사람들이 많이 있지만 시(詩)대로 사는 사람은 그리 많아 보이지 않는다. 시는 시일 뿐 시구의 내용대로 사는 것은 시와 상관없다고 생각하기 때문일 것이다. 그러나 민사무엘 시인(목사)은 시처럼 살아온 인생길을 걸어온 분이시다. 그래서 그의 시에는 그가 살아온 삶이 녹아 있다. 물론 시(詩) 문학에는 추상적이고 형이상학적인 면이 있어서 시대로 살 수 없다는 것은 자명한 사실이다.

하지만 삶의 철학을 시로 옮기거나 신앙의 세계를 시로 읊을 때에는 얼마든지 삶의 정신과 행동을, 그의 시 속에 자신의 인생을 베어나게 할 수 있다. 시를 읊고 시의 내용대로 살아온 사람이 있다. 그는 성경에 나오는 인물로서 바로 다윗이었다. 다윗은 하나님을 경외하고 살았던 문학가였다. 그는 전쟁 전문가요, 정치가요, 음악가요, 시 문학에 능통한 달란트를 가진 문학가였다.

세계에서 가장 많이 읽혀지고 외우고 있는 시는 시편 23편으로 알려져 있다. 역시 다윗의 시인데 그의 삶은 시 23편 내용 그대로의 삶이었음을 누구도 부인하지 못한다.

이번에 시집을 발간하는 민사무엘 목사님도 시처럼 살아온 신앙인으로 목회자의 길을 40여 년 간 걸어온 분이시다. 그것도 과학, 의학, 기악, 성악, 문학이 최고로 발달한 유럽의 선진국 독일의 세계 전통시조 독일본부에서 시조 활동을 하시다가 시조생활 문학상(賞)까지 받으신 목사님이시다.

그동안 전통시조 독일 본부장으로 활동하며 차곡차곡 쌓아둔 시들을 한 군데로 모아 시집으로 발간하게 된 것을 진심으로 축하드리며, 세상의 많은 사람들에게 읽혀져 그 진가가 더 높이 드러나기를 소망하면서 이에 추천서를 갈음한다.

2018년 6월 7일

기독교 대한 하나님의 성회

총회장 함 동 근 목사

추천사

시는 문자를 통해 구현되는 언어 예술의 정수이면서 언어를 통해 특정한 사상과 이념을 표현하여 목마름을 해소시키는 옹달샘과 같다. 특히 시의 기본은 사람의 마음을 움직이게 하는 언어 탐구에서 시작된다. 그리고 시적 언어에 대한 탐구는 창작의 과정 자체에서 발생되는 것이다. 시란 직관의 눈으로 바라다 본 사물의 세계를 사유의 체로 걸러서 탄생시킨 생명의 언어인 동시에 영혼의 메아리이다.

그래서 신앙시는 삶과 거리가 먼 추상적이고 유토피아적인 환상을 탈피하고 부딛혀 오는 삶의 진실을 영혼의 한 줄기 분수처럼 쏟아낸다. 왜냐하면 누구나 고단하고 힘들었던 생의 내력을 묘사하는 순간에는 감상적 자기 위안이 믿음으로 동반될 수 있기 때문이다. 그러기에 육체의 초월을 향한 구원의 몸짓으로 날개를 펴고, 구도자와의 만남을 통해 현실에 나타난 실측의 길을 보여주게 된다.

그런데 금방 읽혀지고 금방 잊어지는 시가 있는가 하면 두고두고 읽혀지면서 가슴에 남는 시가 있다. 가슴에 남는 시는 그 사람 자신의 인생 체험이 깊이 스며들어 개성적인 면모가 부각되기 때문이며, 신앙을 문자화시켜 영적인 세계를 그려 상상해볼 수 있게 하기 때문이다.

세상에 빛을 보게 된 민사무엘(목사) 시인은 일상적 언어와 신앙적 언어로 조화를 이루어가는 작품의 세계를 그려냈다. 사람이 사는 세상은 육체로 사는 세상과 믿음을 가지고 영적으로 사는 세상이 있다. 시인은 일상적인 언어로 인간 삶의 진실에 이를 수 있기를 몸부림치는 흔적을 보여주며, 삶의 조우 과정에서 얻은 진중한 깨달음을 담담하고 차분한 어조로 영적인 심성을 펼쳐 놓는다. 이러한 시집 출간을 진심으로 축하하오며 누구나 일독하기를 권하여 이에 추천하는 바이다.

2018년 6월 7일

기독교 대한 하나님의 성회 총무

시인 강 헌 식 목사

추천사

사람이 태어나 살아가는 동안 자기 삶의 족적을 남긴다는 것은 인생에 있어서 매우 중요한 일이다. 그런데 삶의 족적을 어떤 방법으로 남기느냐 하는 것은 인생의 방향을 어떻게 살아왔느냐가 결정할 것이다. 그런 측면에서 내가 알고 있는 민사무엘 목사님은 다른 사람들에게 얼마든지 보여줄 수 있는 삶의 족적을 가진 분이시다.

일찍이 독일에 건너가셔서 40여 년 동안 유럽 이민사회에서 목회생활을 가장 은혜롭게 하신 후, 명예롭게 퇴진하시고 한국을 오가며 틈틈이 삶을 시로 승화시키는 작품 활동을 해오셨다. 민사무엘 목사님의 시는 인생의 고뇌와 삶과 신앙의 분명한 철학이 시 구절마다 녹아 스며들어 있는, 가슴을 파고드는 시임을 발견하게 된다.

특히 오래 전에 시조 분야에서도 활약상을 인정받아 큰 상을 수상한 경력이 있는 분이시다. 이렇게 문학의 달란트를 다시 시조로 진화시키는 가운데 고명한 선배 시인들에게 사사를 받아 작품 활동을 해오셨다. 그런 가운데 문학 분야에 족적을 남기기 위하여 감명과 감동을 잔잔하게 전해주는 시집을 발간하게 됨을 진심으로 축하드린다.

성문화된 언어는 생각이나 사실을 알려주고, 서로를 이해시키는 기능만 갖고 있는 것이 아니라 인지의 수단이며, 사유의 도구이며, 사람의 사상과 행위를 유도하는 마력을 가진다. 그래서 말과 글과 얼은 하나로 본다. 때문에 문자언어로 표현되는 시(詩)는 인간 정신의 총화로, 모든 예술의 뿌리이고 줄기이며 잎이고 꽃이다. 한때 사람의 가치를 그가 쓴 글로 평가한 적도 있었다. 그것은 바로 신라시대의 독서삼품과와 고려와 조선시대의 과거시험이다.

현대에 이르러서는 인터넷과 SNS 매체의 발달로 책으로 엮어지는 문학의 영역이 좁혀지고 있는 현상이 급속화되고 있지만 성문화된 책은 학문, 문명, 과학, 인간 정신을 담는 그릇임에 틀림없다. 아무쪼록 시집 발간으로 고달픈 인생길을 걷는 자들에게 인생의 멋과 맛을 알려주며, 어떻게 살아야 할지 고민을 안고 살아가는 현대인들에게 삶과 신앙을 시로 승화시켜주기를 소망한다. 시로 말미암아 삶의 변화와 인생의 전환을 경험하는 많은 독자들이 생겨날 것을 기대한다.

2018년 6월 7일

한국 기독교 타임지

편집국장 홍 영 준 목사

1부 감사쟁이 넘쳐라

2부 적벽강 노을

3부 봄보다 먼저 핀 꽃

1부

감사쟁이 넘쳐라

꿈이 있어 행복하다

돌베개 불편한 밤 주님을 만났으니
야곱의 도망길은 꿈이 있어 행복하다.
요셉의 꿈속에 사는 참 행복한 우리집.

홍해의 기적

모세가 바다 위로 손을 들어 기도하매
돌풍이 바닷물을 밤새껏 가르시니
저들이 마른 땅처럼, 육지처럼 건넜네.

바다가 갈라지며 한복판 길이 나니
그 분의 백성들이 그 길을 건넜으며
뒤 쫓던 바로의 군대 그 물 속에 잠겼네.

십자가

투쟁은 끝났지만 죄인은
없습니다.

기쁨의 소식만이 만인을
부릅니다.

십자가 흠 없는 자로
다 이루었다 하시네.

원죄(原罪)

사단의 거짓부렁
유혹된 아담 하와

하나님 금하라신
과실을 먹고 나니

선악에
눈이 밝아져
동산 숲에 숨었네.

감사쟁이 넘쳐라

아무나 쟁이던가, 쟁이란 전문가요
이발이 전문이라 그 이름 이발쟁이
주님만 섬기며 사니 예수쟁이 멋쟁이.

쟁이란 자랑인가, 잘못도 쟁이라네.
주 떠난 청개구리 악한 일로 쟁입니다.
욕쟁이 거짓말쟁이 수다쟁이 겁쟁이.

구멍 난 하늘인가, 쏟아 붓던 장대비며
때로는 가뭄이요 더러는 장마비라.
하늘문 닫고 열던 자 엘리야는 떔쟁이.

너도 쟁이 나도 쟁이 주님 주신 은사란다.
내게 주신 은사대로 열매가 풍성하매
올해도 주신 열매들로 감사쟁이 넘쳐라.

선과 악

타락한 이 땅 위에
홍수의 심판이라
노아의 방주 안에
짝 지어 들어갈 때
짝 없이 혼자 온 선이
만난 짝이 악이네

죄악된 인생들이
남몰래 도둑처럼
천국길 더듬다가
하늘 물길 터뜨릴 때
선과 악 분별해 놓고
방주 위로 부르셨네.

지금 내게 오소서

꼭 하나 꿈이라면 그대와
마주앉아
시편을 펼쳐놓고 소원을
쓰고 싶다
"호흡이
있는 자마다
여호와를 찬양할 지어다"(시150:6)

* 인사불성(人事不醒)의 집사님 문병 중.

그 힘으로 살리라

억울한 과부처럼
버림을 당할 때나

감옥의 요셉처럼
모함에 빠질 때도

나에게
이김 주시는
그 힘으로 살리라.

방황하는 나

때로는 잠 못 들고 괴로워 신음할 때
주님의 품안으로 인도해 주옵소서.
이 밤도 갈 길 못 찾아 방황하는 나에게.

제 길 가게 하소서

육신을 내 세우고 정욕을 좇는 이 몸
아직도 내가 살아 그 길을 고집하니
이제는 환도뼈를 쳐 제 길 가게 하소서.

소망(素望)

주님의 침묵에도
내 소망 끝이 없네.

오늘도 종일토록
당신만 주목할 때

불의한
재판관보다
어찌 아니 선할까.

다윗이 되고 싶다

하나님 사랑속의 다윗이 되고 싶다.
시편의 노래 속에 주님을 찾던 다윗
예수님 나의 목자시니 부족함이 없도다.

참된 이웃

제사장 레위인도 못 본 체 지나치던
강도 맞아 죽게 된 불쌍한 그를 살린
선량한 사마리아인이 나의 참된 이웃이라.

어서 오라

곤고한 인생들을
업고서 행하시는

사랑의 우리 주님
새 힘을 주시리니

오늘도
등을 내밀며
속히 오라 하시네.

테레사로 살고파

범사에 뉘게라도 기쁨을
주시던 님

내 소유 다 버리고 빈자를
위해 살며

주 안에 자신을 감춘
테레사로 살고파.

참 목자

내게 주신 양 무리는 손가락 중 하나 되어
밤낮으로 헤아리며 하늘천국 구할 때에
손마디 굵어진 핑계, 나 말고도 주가 알리.

우리 구주 예수께서 사십 주야 금식하고
거듭 세 번 시험받아 삼전 삼승 전승이라
오늘도 남은 시험일랑 내 승리로 주옵소서.

탕자(蕩子)의 고백

눈감으면 사랑의 품
하늘 향한 고백이라

악한 세상 지친 하루
본향 하늘 그립니다.

오늘도
포근한 아버지 집
꿈속에서 찾아가리.

마지막 날에

거대한 흰 구름이 징조를
보여주고

천사장 나팔소리 천지가
진동할 때

영광 중
주님 주시는
참 승리의 면류관.

기도자의 승리

지위와 돈이라면 안 될 일이 없다지만
선장과 선주의 말 믿고 떠난 배를 보소 .
파도가 후후 불고 간 임자 잃은 짐들이라.

유라굴로 감춘 남풍 인정사정없더라.
주 음성 등진뱃길 아차순간 풍랑일세.
온전한 기도의 사람 바울만이 승리자라.

만나 비행기

비행기 둥글 납작
빵과 같은 모습인데

하늘땅을 아래위로
날개 없이 오르내려

빵이다, 하늘에서 내리는
오늘 양식 만나다.

포도원의 품꾼

문장의 주인공아 갈 길이
천리로다.

날마다 쓰임 받길 원하여
줄을 서나

포도원
해질녘에도
부르는 이 없어라.

부자의 천국

부자의 천국길은
하늘 천장 별 따는 길
약대가 바늘귀로
들어감이 가당할까?
성령이
내게 임하여
거듭나면 간답니다.

세리장 삭개오는
여리고 부자더라.
천신만고 믿음으로
뽕나무에 올랐더니
예수님
선포하시매
구원받은 부자더라.

유두고

앞자리 비워둔 채 뒷자리 찾지 마세.
강단의 앞자리는 생수가 넘치는 곳
창가에 걸터앉아서 졸던 인생 유두고

삼층 창 올라앉은 유두고는 청년이라,
앞자리 양보하고 3층 창에 앉았다가
바울의 긴긴 설교에 졸다 떠난 영혼아.

사단의 악한 권세 강단 앞 못 미쳐라.
앞뒷 줄 마다하고 편한 자리 숨어 자던
사단이 돌며 찾던 자 잠든 영혼 죽였네.

사단의 권세 앞에 택한 백성 죽은 생명
주님을 찾던 영혼 불쌍히 여기셔서
부활의 새 능력 입혀, 다시 살린 유두고.

사랑과 용서

별처럼 아름다운 요셉의 형제사랑
자신을 노예로 판 형들을 용서했네.
그 같은 주의 사랑이 저를 세운 은총이라.

간음 중 붙들려온 죄인을 용서하신
예수님 사랑 앞에 돌을 든 자 누구더냐?
이같이 크신 사랑으로 용서하며 삽시다.

야곱의 꿈

외롭고 차디찬 밤 광야의 고통에도
꿈속의 사닥다리 하늘 닿은 행복였네.
야곱아 그 밤 주의 음성 나에게도 살며시.

도망 길 외로운 밤 돌베개 선 잠결에
천사들 오르내린 하늘 길 이음다리
야곱아 그 밤 돌베개를 나도 함께 나란히.

예수 불이 켜졌네

예수께 펄펄뛰며 울부짖던 바디매오
보기를 원한다며 소원을 고할 때에
눈을 떠 주님을 보매 예수불이 켜졌네.

주님의 옷자락에 손만 대도 나으리라.
네발로 엉금엉금 굴며 나가 손을 뻗쳐
손끝이 옷자락에 닿으매 예수불이 켜졌네.

사랑

세리장 삭개오가 주님을 영접하고
재산의 반을 덜어 적선을 즐겨하니
소문난 죄인의 집이 천국으로 변했네.

자신을 죽이려던 사울을 선대하매
다윗을 택하셔서 왕으로 세우신 주
원수도 사랑하라며 복 주신다 하시네.

돌을 든 대적들을 저주치 아니하고
복 빌어 기도하던 순교자 스테판을
보좌에 벌떡 일어나 반겨주신 예수님.

현주소

내가 곧 길이라며
주님이 부르실 때

자신만 고집하고
꿈 따라 산다더니

정욕만
따라 산 너
현주소가 나락이라.

기도와 휴거

맨주먹 한이 되어 누리고 싶었다오.
구하라,
그리하면 주신다 하셨으니
오늘도 그 약속 믿고
하늘 향해 외치네.

길섶의 들꽃처럼 차이고 밟혔지만
민들레 일어나듯 기도로
견뎠더니
홀씨로 바람결 타고
높이 날게 하셨네.

머리 되신 주님

아무리 성능 좋은 고가의 기계라도
전원이 차단되면 꼼짝도 않습니다.
머리 된 주님 없이는 아무것도 못합니다.

황금 개띠

모세는 80세에 하나님이 부르셨고
괴테는 여든둘에 파우스트
썼답니다.
내 나이 포기 하기는
아직 너무 일러요.

금년은 황금 개띠 칠순 넘긴
개띠인생
오늘도 천사처럼 날개달린
견공으로
주님을 바삐 따르며
하늘 향해 멍멍멍.

기도 응답

기도는 반드시 꼭
이루어진답니다.
한 번도 실패 없는
이 사람의 간구는
응답이
임할 때까지
그칠 줄을 모르지요.

함께 걷자

약속은 없었지만 반드시 꼭 올 거야.
아직껏 너를 두고 기도해온 저 빈자리
오늘도 성령 하나님 너를 대신 오셨단다.

얼마나 남았을까, 중보의 기도시간
60대 후반부터 70을 훨 넘기며
내 영혼 단풍이 되어 하늘 향해 펄렁인다.

S.~H.~아 일어나라, 이제는 정든 이름
너를 따라 돌고 돈 향방 없는 발자욱들
너와 나 손을 꼭잡고 밤을 새워 다시 걷자.

* 임성혁 집사님 문병 중

믿음

주님이 아니시면
새로울 게 무엇이냐?

믿음은 하나님께 나가는
능력이라.

오늘도
그리스도 안에
영글수록 새 하늘.

십자가 사랑

창조주 하나님이 영광을 버리시고

부끄런 대속자로 십자가 달리셨네.

당신의
하늘나라로
이 죄인을 옮기시려.

실락원(失樂園)

먹으라 허락하신
열매가 지천(至賤)인데

먹으면 죽으리라
금하신 그 열매를

결단코
먹고 먹이며
같이 죽자 했답니다.

故 동역자를 보내며

두고 온 서쪽하늘 짙어진 어두움아.
별 하나 빛을 잃고 본향으로 떠났지만
또다시 주님 오실 날 저도 함께 온답니다.

저 별은 우리주님 택하여 부르신 별
남겨진 사명보다 천국일이 더 귀하니
이처럼 앞서 불러서 귀히 쓰려 하십니다.

별 하나 또 나 하나 하늘 향해 기도할 때
그대도 주님 곁에 함께 중보 하겠지요.
천사장 나팔 울릴 때 우리 다시 만납시다.

잘 가오, 잘 있으오, 인사도 못했지만
당신을 보내놓고 어찌도 서럽던지
떠날 때 못 다한 말들 밤을 새며 적습니다.

당신이 종과 함께 교회를 섬기던 날
남모른 헌신으로 주님을 받들던 일
아무도 몰랐지만은 주님께선 아십니다.

예수님은 나의 하나님

나와 하나님은 하나라 하신 주님
나를 본 사람은 하나님을 보았다며
내가 곧 하나님이라 증거하신 예수님.

나를 믿는 것은 하나님을 믿는 것이요
나를 경배함이 하나님을 경배함이라.
나는 땅, 예수님은 하늘, 날 믿으라 하신 주님.

소경도 벙어리도 문둥이도 고치시고
썩어져 냄새 나던 나사로도 살리셨네.
예수여, 날 받으시고 다시 살게 하옵소서.

베데스다 못가에 38년 된 오랜 병자
침상을 번쩍 들고 일어나 걸어가네.
예수여, 나의 하나님, 내가 진정 믿습니다.

새벽 기도

늦을라 일어나자,
조금 더 자고 싶다.

날마다 싸우면서
새벽을 깨웁니다.

아들놈
입학시험이
새벽잠을 이겼네.

천국과 지옥

지옥을 만드시고 악인을 형벌하는
사랑의 하나님이 믿기지 않는단다.
지옥아 네가 없다면 나도 또한 악해질라.

세상의 선한 백성 찔리고 빼앗긴 자
영원한 저 생에서 끝없이 당할까봐
천국을 만들어 주시고 남은 곳이 불지옥.

2부

적벽강 노을

단란(團欒)

강남역 불삼겹살
저렴한 점심 특선(特選)

나 홀로 몰래 먹고
그 맛을 흉내 내어

온 가족
함께 나누며
외식(外食)인 양 즐겨요.

적벽강 노을

적벽강 하늘 향해 솟구치는 피라미 떼
새하얀 은빛나래 붉은 노을 감추려나
강물에 튀는 옥구슬,
반짝이는 저녁노을.

찾아온 고향(故鄕)

여기가 거기였나
장독대 간 곳 없네.

순이랑 술래잡기
손잡고 함께 숨던

송아지 떠난 외양간
몽마르트 커―피숍.

오줌 싼 기억(記憶)

따뜻한 봄 한나절 눅눅한
단벌바지

입은 채 볕에 앉아 가만히
말리던 날

찌릿한 그날의 내음
어머님이 그립다.

이별(離別)

복사꽃 피던 그 봄

떠나버린 그 사람

가슴 깊이 숨겨진

못다 한 그 한마디

가만히 꽃 향이 되어

미소처럼 내 곁에.

불면증(不眠症)

잠이란 오는 걸까
아니면 드는 걸까

오지도 아니하고
들지도 아니하니

오늘도
수백 양(羊)을 세며
양 둘 축사(畜舍) 걱정하죠.

민족의 한(恨)

철저히 소외된 채 굶주려 고통 할 때
죽음의 골짜기에 한(恨)을 안고 춤을 추네.
오늘도 허기진 몸에 숨어 보는 서울하늘.

조상도 한 분이요 말도 글도 하나인데
이웃을 잘못 만나 이간하여 갈라섰나?
귀 잡힌 토끼 한 마리 허리까지 묶였구나.

하늘은 넓어 좋고 담이 없어 더욱 좋다.
남북이 하나 되어 얼싸안고 춤을 출 때
삼팔선 깊어진 골을 발로 밟아 메웁시다.

침묵(沈默)의 당신

선이야!
듣고 싶은 바리톤
그대 음성

내 이름 불러줄 이
당신 말고
또 누구랴.

3년여
고대한 당신
꼭 한번 불러줘요.

* 3년여 인사불성 (人事不醒) 선이 권사님 남편 병상에서.

분노(忿怒)

재 속의 불티란다.
모질게
때려봐라.

아픔 타고 날아가서
저만큼
불씨 되어

매 맞은
마른 콩대처럼
훨훨 타며 오르리.

잃어버림

궁핍이 강도처럼 시상(詩想)을
틀어쥐고

분실한 졸작들의 외침을
가로막네.

핸드폰 나를 버린 후
몽땅 털린 내 마음.

* 핸드폰 도난당한 후에.

첫 사랑

따스한 추억들이 밀물처럼 스며들 때
언제나 잊지 못할 하트 속의 그 사람
아직도 메아리 소리 '두근두근 사랑해!'

고난(苦難)

수렁에 깊이 빠진 한발을
빼려다가

남은 발마저 빠져 허우적
풍덩이니,

차라리 늪을 바다로
너울처럼 즐기리.

샌드백

한평생 얻어맞아 찢겨진 샌드백이
오늘은 곤죽 같은 실 모래를 토해낸다.
언제나 기권패 끝에 난생 처음 KO승.

유통(流通)기한

곰팡이 묵은 된장 고추 마늘 엄마 손맛
배부른 후손들아 지난 가난 돌아보자.
이제 막 맛 든 항아리,
유통기한 웬 말이냐.

사춘기(思春期)

사춘기 무르익은 고1때 무전여행
목적지 어디 두고 뉘 따라 가고 있나?
애당초 그림에 없던 희정이네 고향집.

새아침

어둠속 대롱대롱 고통으로
낳은 아침
산새들 찬송으로 만물들이
잠을 깨니
해님이 동창(東窓)을 뚫고
부신 눈을 엽니다.

다보탑

쎄느강 가로지른 미라보
기대서서

에펠탑 마주보니 다보탑이
떠오르네.

작아도 섬세한 미(美)로
세계인을 부르리라.

쎄느강에서

다시 살고파

한 많은 인생살이 돌이켜 살고 싶다.
돌부터 살고 싶다 등잔 밑에 살고 싶다.
한나절 정든 아저씨 우체부를 반기며

색동옷 입던 시절 그때로 살고 싶다.
동네 앞 빨래터에 알몸으로 풍덩풍덩
순이랑 철이도 함께 물장구를 치면서.

허무한 인생

봄순이 돋아나듯 청춘은 솟구치고
인생은 연륜 따라 아랫도리 무너지니
곡식도 영글어지길 낫이 기다립니다.

봄인가 여름 오듯 장대는 넘어지고
뒷짐 진 굽은 허리 젖히는 고통이라
이제는 다시 못 올 봄 나도 그날 고왔지요.

아침에 풋풋하게 땅을 들던 아기순이
어느덧 시드르르 꽃잎이 떨어지니
간다는 기별도 없이 지난밤에 갔답니다.

한나절 땡볕 아래 그늘을 나눠주던
푸르고 싱싱한 잎 또르르 접히더니
다시는 펴지 못한 채 뿌리까지 말라지네.

석양에 화장하던 저녁 놀 바라보며
내일의 새아침을 기대하던 들뜬 마음
이제는 꿈속에서도 쫓겨 가는 밤입니다.

옥수수를 심으며

너는 자라거든 엉성한 열매가 되라.
그래야 못난 나와 발맞춰 함께 가지.
틈 없는 너의 총총함,
입 댈 곳이 없으니.

흐느끼는 세상

거친 삶 모진 가난 지쳐서 흐느끼고
유흥가 골목길에 술 취해 흐느끼며
천하를 정복했다는 챔피언도 흐느끼네.

인생(人生)

헤어진 그날부터 서로가 다시 찾고
만나면 시들하며 제길만 고집하는
윤회(輪廻)의
수레바퀴가
멈춰 서면 끝이라.

모정(母情)

장마철 하교시에 소낙비
쏟아지면

교문 앞 지키시다 검정우산
내미셨지.

먼 길에 흠씬 젖은 채
반기시던 어머님.

나는 귀머거리 1

나는요 귀봉사라 반년짜리
귀머거리
장님은 분별(分別)되나
귀머거리 나몰라라.
차라리
듣지 못하니
껄껄대며 삽니다.

이 사람은 귀 장님 눈뜨고도
멀뚱멀뚱
답 못하는 속사정 뉘라서
알아줄까?
보고도 분별(分別) 못하니
따따부따 시끄러워.

나는 귀머거리 2

당신은 보았나요, 귀머거리 막힌 귀를
장님의 감긴 눈은 보이니 알겠지만
불러도 듣지 못하니 가슴 치는 귀머거리.

그대는 들었는가, 눈감고도 속삭임을
못보고도 속닥속닥 쏘곤쏘곤 사랑하네.
외쳐도 듣지 못하니 사랑도 못합니다.

모두들 잘도 아는 심봉사 눈뜬 사연
귀머거리 부친 향한 심청이는 없던가요?
이제는 꿈같은 시상 노래하며 살리라.

나는 귀머거리 3

심각한 청각장애 불러도 멀뚱멀뚱
상실(喪失)한 청력이라 듣기를 포기한 너
찾으라, 소리 대장간 네가 능히 들으리.

귀속에 매미소리 끊임없는 쓰르라미
주야로 들려오는 방앗간 기계소리
미쁘다, 소리 대장간 아름다운 노래여!

내 귀에 타작소리 이제는 그쳤다네.
오늘도 날 깨우는 시계소리 반가워
고맙다, 소리 대장간 봄새들의 찬송이.

* 소리대장간 – 청력 단련장.

재생(再生)의 길

얼굴에 검버섯과 눈가에 잔주름이
인생의 험난했던 지난날의 발자취니
되돌아 그 길만 아니면 기쁨으로 갑니다.

노인(老人) 사랑

동방의 예의지국 노인사랑 어디 갔나?
연로한 어르신네 짐을 들고 허둥대도
모른 척 핸드폰에만 집중하는 패륜(悖倫)문화.

여보게, 청춘들아! 일어나 짐 좀 받게.
업고는 못 갈망정 어르신 세워놓고
눈 감고 모른 척 하나 심은 대로 거둘 텐데.

짐을 든 저 노인네 나의양친 아니지만
나 같은 자녀를 둔 저들 부모 분명한데
짐 드신 내 부모님께 저들 자녀 나 같겠지.

덕유산 솔바람

안개 속 가몰가몰 덕유산
고갯길에
한 숨찬 지친 호흡 기도로
쉬어갈 때
비탈진 황톳길에도
향기로운 솔바람

꽃향 속 벌나비는 행자승(行者僧)이
눈치 하나.
꼬부랑 지친 걸음 쉬어가는
산마루터
부끄런 가슴을 씻겨주는
정직한 솔바람.

덕유산

덕유산 마루터에 수줍은 두 발자국
노오란 봄새싹이 가만히 밟혔구나.
차라리 눈이 녹기 전에 새벽길로 지날 걸.

상처 진 가슴 찢는 숨가쁜 새벽외침
송아지 어미 찾듯 목 놓아 야호야호
때늦은 님 부름인가, 메아리만 서러워.

유월의 노래

온겨레가 잊지 못할 형제간의 멱살잡이
당시에 내 나이는 다섯 살 벌거숭이
세월은 유수라 하더니 백발에 굽은 허리.

동양의 예루살렘 평양땅 달려가서
숨겨진 가슴 풀어 참사랑을 전해야지
이것이 물보다 진한 한핏줄 사랑이라.

해당화

해당화 흘린 꽃향 그 봄의 숨결인가
밟혀진 옛 그림자 꽃잎 속에 부시시
못 다한 아픈 사연에 고개 숙인 연분홍.

카톡 소리

님 향해 맞은 새벽 어찌 잠을 청할까
새벽에 우는 닭이 사연 없이 운다더냐!
닭 대신 카톡 소리에 시 한 수를 더합니다.

초롱불 사랑

아련한 그 모습이 바람춤에 깜박깜박
강 건너 조는 등불 그리움에 떨고 있네.
그대가 울며 가던 밤 흔들리던 달그림자.

평화(平和)의 몸살

서라벌 옛 북소리 오열하던 무등산을
자랑 높은 올림픽 승전의 환성인가
폭풍우 잠재우시던 님이랑 함께 가자.

흰옷 입은 선한 민족 개혁의 외침인가
하늘 향한 여린 입술 날개 치던 몸부림
깨어라, 어서 일어나라, 가슴 치는 하늘나팔.

* IMF 어려움 속에서.

그날로 살고 싶어

되짚어 가고 싶어 되짚어 살고 싶다.
부모님 한숨짓던 그 시절이 그리워서
여름밤 모깃불 놓고 멍석 위에 자고파.

꽃반지 끼고 싶어 꽃고무신 신고 싶다.
팔문반 말표 붙은 색동신 헐렁인다.
꿈속에 하모니카 소리 어찌 그리 파랄까.

종이비행기

꼬리 물고 뱅글뱅글
뱅뱅 도는 꽃 비행기

왕 울보 조카가 쏜
알록달록 종이비행기

뱅뱅뱅 앉을자리 찾는
뱅그르르 무인기.

벽 틈에 너

벽 틈에 고추나무 타고난 운명일까?
절벽의 기다림에 네가 원한 선택인가?
오늘도 아슬아슬 매달려 누가 감히 넘볼까?

돌담에 들국화, 아기꽃의 서커스
돌벽이 요람이라 바람결에 대롱대롱
언젠가 꽃이 시들면 영근 씨가 됩니다.

마음 고파

보내고 못 잊어서 눈물이
흐릅니다.
잊을 수 없는 사람 그 또한
못 잊으리.
한평생 채울 수 없는 가슴
마음 고파 웁니다.

추석달

한가위 보름달아 정든 얼굴
밝은 달아.

어머니 미소 같은 가만히
웃는 달아.

저 달은 천공에 걸린
내 어머님 손거울.

사랑의 징검다리

밤하늘
별 자리는
님을 향한 징검다리

똥바가지
북두칠성
발 빠질까 겁이 나서

새벽 별
동트기 전에
눈 감은 채 건너지요.

짝사랑

우물가 울던 까치
내 배달부(配達夫) 아니었네.

종일토록 고대(苦待)하던
기쁜 소식 뉘게 갔나?

하루해 서산에 걸고
받고 울던 청첩장(請牒狀).

네 모습

상처 진 내 가슴에 색 바랜 너의 사진
가만히 조각 붙여 옛 모습을 찾아볼까?
이제는 흩어져 버려 분별 못할 네 모습.

아련히 떠오르는 남겨진 뒷그림자
돌아본 그의 얼굴 웃음꽃이 활짝 폈네.
오늘도 기다림 속에 그려보는 네 모습.

3부

봄보다 먼저 핀 꽃

별님아

고대고대 별님아
헬싱키 이쁘둥아!

애태워 기다리며
그리던 천사였네.

달님의 아름다움도
너를 닮아 그랬구나.

* 헬싱키 첫 외손녀 출산.

별이

인생(人生)은 나그네

너와 나 우리됨이 어찌 또 우연일까
하늘이 묶어 주신 한나절 소꿉동무
어차피 해 지고나면 제집 찾아 가리라.

인생은 나그네길 외롭고 고달픈 것
너는 주역 나는 단역 각본대로 사는 인생
이정표 막이 내리면 너도 나도 없지요.

곤고하고 피곤해도 위로하며 함께 가세.
남은 길 멀다해도 고깔 쓴 광대춤이
인생의 낮 꿈 같으니 자고나면 밤인걸.

낙엽이 되고 싶다

당신의 숨결 담은 낙엽이 되고 싶다.
폭풍한설 궁핍에도 따스한 고운 마음
인생의 노을을 보며 그대 곁에 낙엽이

아동대동 아기순에 고사리손 잎이 되어
아장아장 걸음마로 꽃 잠자리 덮칠세라
이생의 마지막 열정 낙엽 속에 영글어.

연초록 저고리에 산들바람 스며들면
수목도 님을 따라 하늘하늘 춤을 추네.
오늘도 당신 책갈피 미라가 된 낙엽아.

완행열차 좋아라

나는요 고속열차 KTX 싫어요.
경로할인 자리 넓은 무궁화로 갈래요.
초특급 인생 열차에 타고나면 끝인걸.

얕은 마음

나는요, 바람결에 깃털 같은 변덕쟁이
새로운 결단이라 사랑의 시를 쓰나
다시금 지워 버리는 얕은 마음 미워요.

실망(失望)

통일(統一)의 꿈을 안고 베풀며 견딘 것이
원자탄 미사일로 불바다 위협이라
천륜(天倫)도 모르는 너는 근본부터 아닌걸.

그림자

팽개친 추억(追憶)속에 잊혀진 고향바다
갑자기 철석철석 부서진 꿈들인가?
오늘도 물방울 속에 떠오르는 그림자.

이웃사촌

이웃은 사촌이니, 허물없는 가족이라.
이장 댁 족보 속에 혈육 같은 형제라서
형제가 아들딸 낳아 온 동래가 이웃사촌.

이틀 인생

오늘을 끌고 온 너 어제로 돌아가고
오늘로 자리한 넌 내일로 달려가니
한평생 끌고 달려도 이틀뿐인 내 인생.

엄마 손맛

무 배추 소금치고 마늘 고추 양념할 때
엄마 손맛이라 맨손으로 젓갈 넣던
어머님 떠나셨으나 엄마 손맛 내 입맛.

봄보다 먼저 핀 꽃

개나리 가지마다 봄보다 먼저 핀 꽃
한 많은 꿈을 안고 못 다한 기다림이
보고파 눈물 터지듯 망울망울 피었네.

불효자(不孝子)

해운대 겨울바다 좋다며 벼르던 날
가던 중 경치 좋아 잠시 쉬고 가자더니
요양원 맡겨둔 채로 울며 떠난 불효자.

못 잊어

내 마음 깊은 곳에 이별의 아픈 비가
그대를 멀리 보낸 덕유산 고갯길을
얼룩진 창문 사이로 어른어른 감추네.

내 눈에 글썽이는 사랑의 액체들이
아롱진 고갯길을 안개처럼 덮었지만
가신 님 다시 오려나 산만 거듭 봅니다.

진달래 피던 언덕 그대가 떠나던 길
마지막 손짓하던 약산의 언덕 바위
오늘도 짙은 꽃 향이 그날인가 싶구나.

끝없는 그리움이 내 마음 핸들 되어
오늘도 인정 따라 여기까지 왔답니다.
산 아래 멈춰 선 채로 눈만 걷는 오솔길.

회복(回復) 1

흘러간 세월 속에 창을 향해 멈춘 마음
주목한 창이 열려 그대를 찾았으니
이제야 사랑하는 아내 당신만이 창틀에.

회복(回復) 2

— 선이 권사 남편 병문 중

3년 전 뇌출혈로 인지가 외출한 너
가만히 두 손 모아 옛 모습을 그려본다.
인지야 눈 비비고 일어나 커피 한잔 청하렴.

진달래 피던 그날

진달래 피던 언덕 그대가 떠나던 곳
마지막 손짓 하던 약산의 언덕 바위
오늘도 짙은 꽃 향이 그날인가 싶구나.

숨겨진 사연

갯벌에 잠겼어도 진주는 보석이죠.
엿장수 거둬들인 고물 속에 섞였어도
주님은 아신답니다, 내 숨겨진 사연까지.

새 봄

끝없는 그리움이 내 마음 햇들 되어
어느덧 인정 따라 여기까지 왔나보다.
냉이 향 물씬 나는 봄을 맞은 내 마음.

봄바람 산들산들 남에서 불어오니
연분홍 살구꽃이 수줍게 웃고 있네.
새봄의 나비춤 속에 함께 가는 청춘들.

시조(時調)의 불

불이야! 내 속에 불
폭발한 감동의 불

두 번 거듭 3-4, 3-4
3-5~7, 4-3으로

이 밤도
그 틀 속에서
섬광 같은 스파크.

매미소리

맴맴맴 우는 걸까, 아니면 노래일까?
정든 님 오라하는 수컷의 절규(絶叫)라네.
평생을 울며 부른들 난들 어찌 그칠까?

매미야 울지 마라, 가슴이 저려 온다.
어제도 종일 울고 시방(時方)도 연일(連日) 우니
통곡(慟哭)의 너의 생애가 너무 너무 귀하다.

우리게 님을 주신 창조주 하나님께
감사와 찬송으로 평생(平生)을 드립니다.
울어도 님을 못 찾는 매미소리 속에서.

갓도의 아픔

송아지 길을 들여 논밭을
함께 갈며

십여 년 무거운 짐 나눠지고
살았는데

도살장
마지막 길에
밀어 넣고 웁니다.

* 갓도 : 소를 부리던 머슴 이름.

자학(自虐)의 칼질

추억을 되밟듯이 찾아 맞춘 새 언어들

꽃처럼 고운 사연 있었으면
좋으련만

예리한
자학의 칼질로
조각 되는 언어들.

달그림자

언제나 잡지 못할
달그림자 같은 사람

이 밤도 내 곁에서
머물 줄 몰라 하니

차라리
구름 속으로
숨은 달이 좋아라.

삼소회 길

삼소회 서울 길이 순탄치
않습니다
미명(未明)에 사미인곡 구구절절
날 부르니
뉘 라서 정하신 이날
시조 떠나 살리요

* 삼소회 : 시조공부 모임.

비결(秘訣)

부모님께 효도하니
밤잠이 달았구요.

형제간에 화목하니
밥맛이 달았어요.

이웃을
사랑했더니
주름살이 간데없네.

통일(統一) 올림픽

평창이 문을 열고 평양이
맘을 쏟아

남북이 하나 어 사랑으로
얽혀질 때

세계가 우러러 보리
남북통일 올림픽.

치매(癡呆)

아뿔싸 6.25때 빠진 혼이 다시 왔나
꽁꽁 싼 보따리로 허리 묶은 울 엄마
핵교에 가신다면서 월사금 달라신다.

옥수수를 심으며

너는 자라거든 엉성한 열매가 되라.
못난 이 나와 함께 발맞춰 함께 가자.
촘촘이 영글어진 너, 입댈 틈이 없더라.

고향 철마

벌거벗긴 조개탄의 외마디 고통인가?
오르막 화통 열차 헉헉대는 지친 숨결
정든 땅 지평선 넘어 날 부르는 고향 철마.

다슬기 줍는 여인

적벽강 출렁출렁 비단이불 춤을 춘다.
넘어질 듯 휘청휘청 물오른 허벅다리
다슬기 줍는 핑계로 우렁이도 놓쳤네.

용화강 맑은 물결 님이 담긴 거울이다.
치마 들린 종아리는 살 터진 통통 다리
물속에 수줍은 눈길 저만 따라 갑니다.

목마른 침묵 속에 허둥비실 긴장하네.
마력이 꿈틀대는 물속에 굽은 다리
물결은 잔잔하거늘 살랑이는 내 마음.

수심 따라 드러나는 감춰둔 고운 살결
미꾸라지 밟혔던지 미끈덩 파란 차돌
기우뚱 깊이 빠질라, 어서 빨리 잡아주오.

다슬기 이 뿐인가 빈 바구니 부끄럽다.
동네 아낙 내 묻거든 무어라 대답할까?
저들이 묻기도 전에 가슴부터 쏟아야지.

황혼인생(黃昏人生)

차림은 요란하나 쪼그라진 내 모습.
아들딸 키를 재며 기뻐했던 지난날들
모두가 제 갈길 가니 빈 둥지만 걸려있네.

자녀들 출가하고 신혼처럼 산다지만
어느덧 석양이라 썰렁한 가슴인데
아직도 입에 담긴 말 자식걱정뿐이다.

손주

시온아 에덴이랑 미세먼지 조심조심
열나고 밥맛없다 잠만 자면 지는 거야.
그까짓 감기쯤이야 콩쥐 팥쥐 뚝딱이지.

꿈속의 어머니

목메어 불러보는 꿈속의 내 어머님
언제나 훈훈하신 당신 품 그리워서
입술이 타고 마르도록 가슴 찢어 웁니다.

오시라 손짓해도 모른 척 아니 보네.
달빛에 어렴풋이 세파에 지친 얼굴
어머님 거친 손 꼭 잡고 밤새도록 웁니다.

동백기름 바르시고 쪽을 찐 뒷모습에
언제나 돌아볼까 마음을 졸이지만
밤새껏 아니 돌아보니 가신 뒤에 웁니다.

가난

연년생(連年生) 동생이랑
주전자 마주잡고

한모금 더 마시려 울며 다툰
어린 시절.

사카린 짙게 탄 냉수
자고나도 달던 가난.

인생 열차

내가 탄 천국열차 오늘도 달립니다.
모두들 함께 달려가는 줄도 모른 채로
몰라서
종착역까지
껄껄대며 갑니다.

청수바위

반세기 지난 고향 꿈을 안고
왔습니다.

추억의 청수바위 물도 돌도
간곳없고

한평생 간직한 미소
그마저도 떠납니다.

행복한 초여름

초여름 푸르름이 젊은 꿈을 쏟아내고
데워진 모래바람 움츠린 몸 펴게 하니
내 삶이 행복합니다, 휘파람이 저절로.

민들레랑 별이랑

겨울 땅 깨고 나온 네 이름 민들레
뿌리채 뽑아 옮긴 한포기
외로운 꽃
사알짝 샛노란 미소, 나비처럼 곱구나.

홀씨된 꽃 비행선 국경이 있다더냐.
바람타고 내리면 어디나
내 땅인걸.
헬싱키 호수 널린 땅 연못가에 심겼네.

영근 씨눈이 트고 잎이 자라 꽃 피우니
한송이 또 민들레 방실방실
별이라.
오늘도 감사한 마음, 전설 따라 넘친다.

파독광부 출신 원로목사의 시조사랑

— 민 사무엘 시인의 1시조집을 감상하며

문학평론가 리 헌 석

(사) 문학사랑협의회 이사장

1.

높으신 곳의 섭리였을까, 충청권에서 살게 된 인연일까, 민 사무엘 시조시인(본명 민환기)을 만납니다. 시인은 파독(派獨) 광부로 독일에 발을 들여놓았고, 1970년대 재독(在獨) 교포사회 연합회의 감사와 체육부장을 역임한 분입니다. 1979년 전국체전 재독 교포 선수단 총감독을 역임하면서 교포들의 지위 향상에 적극적으로 봉사한 분입니다.

목회 사역을 시작하면서부터 교회 청소년들을 이끌고 여러 체육대회에 출전하여 우승을 일궈낸 분입니다. 민사무엘 목사 시인은 재독 교포사회의 단합과 희망을 노래 가사에 담아,

재독 한인의 단결과 번영, 나아가 모국 대한민국의 발전을 기원한 분입니다.

라인의 솟구친 기적 우리 꿈도 빛내리
외치자 라인의 기적 새 서울까지
반만 년 전통 속에 찬란한 고유문화
동방에 거룩한 민족 길이 보전할 겨레

(후렴)_민족의 얼을 찾자
민족애(民族愛)의 얼을 찾자
엔제나 조국과 길이 빛날 우리 재독교포

라인의 솟구친 기적 우리 꿈도 빛내리
외치자 라인의 기적 압록강까지
흐르는 땀방울은 기적의 강물 이루고
우렁찬 건설의 소리 대한의 아들딸일세

라인의 솟구친 기적 우리 꿈도 빛내리
외치자 라인의 기적 백록담까지
반만년 전통 속에 피어오른 우리 기상
반도의 기적이라네 무궁 영원한 겨레

—「기적(奇蹟)의 전달」 전문

민환기 작사, 김병기 작곡, 「기적(奇蹟)의 전달」 가사입니다. 이 노래는 1977년 함부르크에서 개최된 광복절 기념행사에서 발표되어 여우종 재독 한인 연합회장이 "앞으로 모든 교민행사에서 교민 응원가로 부른다."고 공표한 바 있고, 작사자가 회장직을 맡고 있던 뒤스부르크 한인회 행사에서 합창으로 부르기도 합니다. 그러하였지만, 작사자가 신학을 공부하고, 교포사회 최초의 교민 회장 출신 목회자로 활동하는 세월이 길어지면서, 재독 교포들의 기억 속에서 멀어지게 됩니다.

노래의 가사 1절 '새 서울까지'는 원래 '새마을까지'였다고 합니다. 2절의 '압록강까지' 3절의 '백록담까지'와 잘 어울리게 수정한 채로 악보에 수록한 것입니다. 시인은 유럽의 선진 강대국 독일의 발전상을 보며, 당시 열화와 같이 일어나고 있는 조국의 새마을 운동으로 '한강의 기적'이 일어나기를 소망하고 있습니다. 그리하여 이 노래는 2006년 독일에서 개최한 월드컵의 한국 응원단 '붉은 악마'의 응원가로 선정되어 스타디움(stadium)에 메아리친 바도 있습니다.

반만년 전통 속에 찬란하게 피웠던 고유문화를 지키려는 오롯한 자세, 민족의 얼을 찾고자 하는 열망이 노랫말에 들어 있습니다. 이러한 지향은 목회자가 되어서도 변함이 없습니다. 현역 목회자에서 은퇴한 후, 우리 고유의 문학 장르인 시조 창작에 입문한 것이 그러합니다. 시조는 우리 고유한 문화로, 600여 년의 역사를 지닌 자랑스러운 예술이기 때문입니다. 때로는 시조의 연원을 신라 향가로 보는 학자도 있으며, 이는 1천년의 역사를 지닌 것이어서, 우리 문화 예술의 맏이와 같은 의미를 지닙니다. 이러한 시조를 창작하는 시인의 내면에는 '우리의 전통'을 지키고 발전시키려는 사랑이 충만하다 할 것입니다.

2.

민 사무엘 시인은 시조시인이 될 바탕을 내재하였던 분입니다. 시조를 배우기 전에 지은 독일 교포 응원가 「기적(奇蹟)의 전달」 마지막 행은 현대시조의 종장(終章) 음수율 〈3-5-4-3〉과 일치합니다. 1절의 〈동방에 거룩한 민족 길이 보전할 겨레〉, 2절의 〈우렁찬 건설의 소리 대한의 아들 딸일세〉, 3절의 〈반도의 기적이라네 무궁 영원한 겨레〉, 후렴의 마지막 행 〈언제나 조국과 길이 빛날 우리 재독교포〉 등은 우연의 일치가 아니라, 필연적 섭리로 보입니다.

노래 가사 1~3절 모두 초장(初章)과 종장(終章) 사이에 있는 중장(中章)이 2배로 길어진 형태로 보면, 균형 잡힌 사설시조의 형식과 같습니다. 또한, 후렴은 초장과 종장으로 되어 있어, 중장이 생략된 양장(兩章) 시조 형태를 취하고 있습니다. 학창 시절에 시조 작품을 학습하기도 하였을 터이지만, 이 노래의 가사가 현대시조 형식과 일치한다는 것은 높은 곳에 계신 분이 민 사무엘 목사님을 시조시인으로 예비한 수순으로 보아도 무리가 없습니다.

민 사무엘 시조시인은 시무하고 있던 독일의 교회에서 은퇴하고, 고국으로 돌아와 충남 금산군에 정착합니다. 귀국한 후부터 우리 겨레의 얼이 담긴 시조를 배웁니다. 배우며 창작한 시조 작품을 모아 등단 과정을 밟습니다. 2016년 『시조생활』 겨울호 신인문학상에 단시조 5편이 당선되어 등단합니다.

숨겨둔 분홍 가슴 훨훨 털고 돌아설 걸
잊자고 다짐해도 떠오르는 그 얼굴
한평생 건너지 못할 다리 헛기침만 나오네.

—「미련」 전문

환히 웃으시며 꿈속으로 오시네
그냥 나 눈을 감네 사라질까 두려워라
저 건너 청산 아래서 고이 잠든 어머니

—「꿈속의 어머니」 전문

팽개친 추억 속에 잊혀진 고향 바다
꿈속에 철썩철썩 부서지는 옛 추억들
조각난 물방울 속에 떠오르는 그림자

—「그림자」 전문

폭염이 불을 뿜는 8월아 게 섰거라
9월이 성큼성큼 단풍 입고 다가온다
그래도 불을 못 끄면 동장군을 부르리

—「극성 폭염」

통일의 꿈을 안고 나누며 견딘 것이
원자탄 미사일로 불바다 위협이라
고이얀. 천륜도 모르는 너 근본부터 아닐 걸

—「실망」 전문

신인상 심사평 일부를 보겠습니다. 〈민환기(민사무엘)님의 '미련'은 아픔의 美學이다. 이 세상에 失戀의 아픔처럼 슬프게 아름답고, 아프게 아름다운 것이 다시 있을까. 분홍빛 같은 황홀한 사모로 목숨 바쳐 갖고 싶은 사랑을 훌훌 털고 일어서자니 또다시 떠오르는 그 얼굴, 그 '미련'은 한평생 건너지 못할 다리인 것이다. 그 건널목에 서서 무슨 말을 보태랴. 그냥 헛기침이 전부였다고 지은이는 말한다.〉

민사무엘 시인의 당선소감 일부를 보겠습니다. 〈중국에 사신으로 갔던 문익점은 돌아올 때 붓통에 목화씨 열 개를 숨겨와 우리 민족에게 따뜻한 옷을 입게 했습니다. 그런데 미천한 사람은 45년간의 긴긴 유럽 생활에서 돌아왔지만 나라나 이웃을 위해 내놓을 것이 없어 방황하고 있을 때 '시단(詩壇) 새 바람'을 맞게 되었답니다. 목화씨를 숨겨 온 문익점의 감동이 이러했을까? 오늘 부족한 종에게 입혀주신 이 영광을 독일에 살고 있는 두고 온 형제들과 나누고 싶은 마음이 간절해졌습니다.〉.

민사무엘 시인의 시조 창작에 대한 사랑은 놀라운 집중력을 보입니다. 2~3년 만에 몇 백 편의 시조를 빚습니다. 그 작품 중에서 100여 편을 선정하여 1시조집을 발간합니다.

3.

민 사무엘 시인은 '지극히 높은 곳에 계신 분'의 부름을 받아, 파독 광부 출신 교포에서 일약(一躍) 목회자로 우뚝 섭니다. 자신의 영혼을 구원하는 것, 현실의 어려움과 정신적 고통 속에서 살아가고 있는 당시 재독 교포들을 인도하는 것, 널리 '그 분의 섭리를 증거하는 일'에 매진합니다. 이렇게 목회자의 사명을 다한 세월을 되짚어보며 시조로 '그 분'을 찬양합니다.

다윗이 노래한 시편 22편에서와 같이 〈나를 사자의 입에서 구하소서 주께서 응락하시고 들소 뿔에서 구원하셨나이다〉 간증을 하며 자신의 믿음을 굳건하게 지탱합니다. 작품 「홍해의 기적」에서 시인은 〈모세가 바다 위로 손을 들어 기도하매〉 〈바다가 갈라지며 한복판 길이 나니〉 〈그 분의 백성들이 그 길〉을 건넜다는 '성취의 기적'을 시조로 빚습니다.

꼭 하나 꿈이라면 그대와
마주앉아
시편을 펼쳐놓고 소원을
쓰고 싶다
"호흡이
있는 자마다
여호와를 찬양할 지어다"

—「지금 내게 오소서」 전문

신자를 문병하면서 쾌유의 기도를 드리는 작품입니다. 환자가 건강을 되찾는다면 마주앉아 '시편'의 시를 감상하며, 찬양하는 시를 짓고 싶다는 내면의 투영입니다. 그 당시는 시인이 시조를 창작하기 전일 터이기에, 시편의 마지막 150장, 6절의 노래 〈호흡이 있는 자마다 여호와를 찬양할지어다〉를 인용합니다. 이러한 갈망(渴望)이 민사무엘 목회자를 시인으로 세웠고, 귀국하면서 익힌 시조에 신앙을 담습니다. 때로는

〈잠 못 들고 괴로워 신음할 때/ 주님의 품안으로 인도해 주옵소서.〉(방황하는 나) 기도를 드립니다. 〈하나님 사랑속의 다윗이 되고 싶다./ 시편의 노래 속에 주님을 찾던 다윗/ 예수님 나의 목자시니 부족함이 없도다.〉(다윗이 되고 싶다) 노래하면서 다윗과 예수님을 신앙의 주체로 모십니다.

내게 주신 양 무리는 손가락 중 하나 되어
밤낮으로 헤아리며 하늘천국 구할 때에
손마디 굵어진 핑계, 나 말고도 주가 알리.

우리 구주 예수께서 사십 주야 금식하고
거듭 세 번 시험받아 삼전 삼승 전승이라
오늘도 남은 시험일랑 내 승리로 주옵소서.

—「참 목자」 전문

이 작품 역시 시편 106편의 〈여호와여 주의 백성에게 베푸시는 은혜로 나를 기억하시며 주의 구원으로 나를 권고하사 나로 주의 택하신 자의 형통함을 보고 주의 나라의 기업으로 즐거워하게 하시며 주의 기업과 함께 자랑하게 하소서〉를 떠올리게 합니다. 이러한 믿음 안에서 〈별처럼 아름다운 요셉의 형제사랑/ 자신을 노예로 판 형들을 용서했네.〉(사랑과 용서)다며 악을 행한 자들과 죄를 지은 사람들에 대한 사랑과 용서를 권합니다.

이와 같은 신앙은 민 사무엘 시인으로 하여금 '신실한 목회자'로서 선교 사역을 담당하게 합니다. 〈기도는 반드시 꼭/ 이루어진답니다./ 한 번도 실패 없는/ 이 사람의 간구는/ 응답이/ 임할 때까지/ 그칠 줄을 모르지요.〉(기도 응답)라는 굳건한 믿음으로 '명예목사'의 직분을 감당합니다.

4.

민 사무엘 시인은 파독 광부로 온갖 간난신고(艱難辛苦)를 겪었을 터입니다. 그러기에 교포들을 위한 단체 일에 나섰을 터이며, 마침내 목회자가 되어 선교 사역을 담당한 후 명예롭게 은퇴합니다. 현재 시인은 고국의 작은 교회에서 시무하며, 시조 창작의 길에 나섰고, 시조를 통하여 삶의 희로애락(喜怒哀樂)을 형상화합니다. 고향에 돌아온 '귀거래(歸去來)' 정서, 가족에 대한 사랑과 그리움, 아름다운 자연에 대한 경탄, 일상을 살아내는 이웃들의 대소사(大小事), 그리고 자신의 기억들을 시조에 담아냅니다.

시조는 정형시입니다. 환언하면, 시조는 시(詩)로서도 작품성을 확보해야 함과 동시에 정형률에 맞춰야하기 때문에 창작과정의 고통은 배가(倍加)되게 마련입니다. 좋은 작품이면서 음수율, 혹은 음보율, 또는 부분적 파격의 내재율을 확보해야 하는 과정을 거쳐야 뛰어난 '시조'가 생성(生成)되기 때문입니다.

따스한 추억들이 밀물처럼 스며들 때
언제나 잊지 못할 하트 속의 그 사람
아직도 메아리 소리 '두근두근 사랑해!'

—「첫 사랑」 전문

한 많은 인생살이 돌이켜 살고 싶다.
돌부터 살고 싶다 등잔 밑에 살고 싶다.
한나절 정든 아저씨 우체부를 반기며

색동옷 입던 시절 그때로 살고 싶다.
동네 앞 빨래터에 알몸으로 풍덩풍덩
순이랑 철이도 함께 물장구를 치면서.

—「다시 살고파」 전문

철저히 소외된 채 굶주려 고통할 때
죽음의 골짜기에 한(恨)을 안고 춤을 추네.
오늘도 허기진 몸에 숨어 보는 서울하늘.

조상도 한 분이요 말도 글도 하나인데
이웃을 잘못 만나 이간하여 갈라섰나?
귀 잡힌 토끼 한 마리 허리까지 묶였구나.

하늘은 넓어 좋고 담이 없어 더욱 좋다.
남북이 하나 되어 얼싸안고 춤을 출 때
삼팔선 깊어진 골을 발로 밟아 메웁시다.

—「민족의 한(恨)」 전문

단시조로 된 「첫 사랑」은 추억하는 것만으로 행복한 작품입니다. 따스한 추억들이 밀물처럼 스며들어 오면, 잠시 잊고 있었던 '그 사람'이 떠오르게 마련입니다. 그 사람과 주고받던 대화 역시 오늘인 듯 살아날 터입니다. 이러한 추억을 단형의 시조에 담아 아련한 정서를 환기(喚起)합니다. 이것이 단시조의 매력이고 멋입니다.

때로 단시조를 사랑하는 시조시인들은 그 속에 우주만물을 담아낼 수 있다고 합니다. 세상을 살아내는 모든 사상과 감정을 담아낼 수 있다고 합니다. 그러나 제재(題材)의 질(質)과 양(量)에 따라 두 수, 혹은 세 수에 담는 것이 자연스럽고, 예술성을 확보할 수 있을 때 시인들은 연시조(聯詩調)를 빚습니다. 「다시 살고파」는 태어나 걷기 시작할 무렵인 '돌'부터 돌이켜 살고 싶다는 과거 회귀의 시심을 담아내고 있습니다. 지난날의 여러 이야기를 담기 위해서 2연시조로 빚습니다. 「민족의 한(恨)」은 분단된 조국, 북한 백성의 고통스러운 삶, 통일을 염원하는 마음 등을 담아내기 위하여 3연시조로 빚습니다.

이처럼 다양한 제재를 작품에 담아낼 수 있지만, 독자의 심금을 울릴 수 있는 작품에는 '어머니의 사랑'이 제격입니다.

장마철 하교시에 소낙비
쏟아지면

교문 앞 지키시다 검정우산
내미셨지.

먼 길에 흠씬 젖은 채
반기시던 어머님.

— 「모정(母情)」 전문

많은 독자들이 이와 같은 경험을 하였을 터이고, 그들은 어머니의 사랑에 공감할 것입니다. 이러한 감동을 담은 단시조 작품이지만, 이 작품은 장별배행(章別排行)이 아닙니다. 앞에서의 3장 단시조, 혹은 장별배행 2연시조, 3연시조가 전통적 시조 형식이지만, 현대시조에서는 이를 6행의 구별배행(句別排行)으로 나누기도 하고, 종장의 첫 음보와 둘째 음보를 독립시켜 7행으로 구성하기도 합니다.

이런 영향을 받은 민 사무엘 시인은 독자적으로 더 큰 변화를 추구합니다. 초장(初章)과 중장(中章)의 마지막 음보를 독립시키고, 종장(終章)은 기본적 구별배행을 그대로 따릅니다. 이는 '쏟아지면' '내미셨지'의 정서적 충격이 더 크게 작용한데 따른 선택으로 보입니다. 이와 같이 정서적 제재의 대소(大小)와 강약(强弱)에 따라 시조 형식에 변화를 주고 있는 독창성을 확립합니다.

5.

민 사무엘 시인의 작품과 삶을 유추하여 간략하게 정리합니다. 그러나 100여 편의 시조 작품에는 각기 독립적인 주제와 소재가 내재되어 있으므로, 이러한 정리는 구우일모(九牛一毛)에 해당될 터입니다. 그러므로 시인의 시조 전편(全篇)을 감상하는 것이 중요함을 독자들에게 밝힙니다.

시인의 여러 작품을 일별(一瞥)할 때 그 바탕은 신앙에 대한 형상화입니다. 직접적으로 신앙을 노래한 작품 편수는 1/4 정도에 불과하지만, 여타의 작품에 흐르는 바탕에도 신앙이 내재되어 있습니다. 이들 중에서, 자신의 믿음에 대한 확

고한 자세를 담아내되 자유시에 가깝게 형식을 변형시킨 작품을 감상하기로 합니다.

> 맨주먹 한이 되어 누리고 싶었다오.
> 구하라,
> 그리하면 주신다 하셨으니
> 오늘도 그 약속 믿고
> 하늘 향해 외치네.
>
> 길섶의 들꽃처럼 차이고 밟혔지만
> 민들레 일어나듯 기도로
> 견뎠더니
> 홀씨로 바람결 타고
> 높이 날게 하셨네.
>
> —「기도와 휴거」 전문

2연시조로 구성되었으며, 장별배행과 구별배행을 융합한 작품입니다. 두 수의 초장은 장별배행을 차용하고 있습니다. 중장과 종장은 구별배행을 응용하여 변화를 주고 있는데, 첫 수에서는 중장의 첫 음보를 독립시켰는바 '구하라'에 더 강세를 둔 작품이고, 둘째 수에서는 중장의 넷째 음보 '견뎠더니'를 독립시켜 고난을 극복하기 위한 인내에 강세를 둔 작품입니다.

현대시조에 이르러, 언뜻 보면 자유시 구조와 구분하기 어려운 시조 형식을 만나게 됩니다. 이는 시조의 정형성에 의한 매너리즘을 탈피하고자 하는 고뇌의 산물입니다. 민 사무엘 시인은 시조의 여러 형식을 자유롭게 활용하여 주제의 전달과 표현의 다양성을 확보하고 있습니다. 앞으로도 이러한 노력은 지속될 것으로 보이며, 그에 따라 시인의 작품들은 독창적 형상화를 이룰 것입니다. 이러한 믿음으로 1시조집의 작품 감상을 맺습니다.

* 시조 용어 중 장(章), 음보(音步)에 대한 이론(異論)이 제기되고 있지만, 본고에서는 일반화되어 있는 용어 그대로 집필하였음.

기적의 전달
(재독 교민의 노래)
Moderato Maestoso
민환기 작사
김병기 작곡
mf
라 인 ㅡ 의 솟 구 친 기 적 우 리 꿈 도 빛 내 리
mf
외 치 ㅡ 자 라 인의 기 적 새 서 울 까 지
외 치 ㅡ 자 라 인의 기 적 압 록 강 까 지
외 치 ㅡ 자 라 인의 기 적 백 록 담 까 지
mf

반 만 년 전 통 속 에 찬 란 한 고 ㅡ 유 ㅡ 문 화
흐 르 는 땀 방 울 은 기 적 의 강 ㅡ 물 이 루 고
반 만 년 전 통 속 에 피 어 ㅡ 오 른 우 리 기 상
p
동 방 ㅡ 에 거 룩 한 민 족 길 이 보 전 할 겨 레 민 족
mf
mf

의 얼 을 찾 자 민 족 애 의 얼 을 찾 자
cresc.
f
언 제 나 조 국 과 길 이 빛 ㅡ 날 우 리 재 독 교 포
f

포도원의 품꾼

민사무엘 시조집

발 행 일 | 2018년 7월 20일
지 은 이 | 민사무엘
발 행 인 | 李憲錫
발 행 처 | 오늘의문학사
출판등록 | 제55호(1993년 6월 23일)
주　　소 | 대전광역시 동구 대전로867번길 52(한밭오피스텔 401호)
전화번호 | (042)624-2980
팩시밀리 | (042)628-2983
전자우편 | hs2980@hanmail.net
카　　페 | cafe.daum.net/gljang(문학사랑 글짱들)
cafe.daum.net/art-i-ma(아트매거진)

공 급 처 | 한국출판협동조합
주문전화 | (070)7119-1752
팩시밀리 | (031)944-8234~6

ISBN 978-89-5669-930-1
값 12,000원

* 이 도서의 국립중앙도서관 출판예정도서목록(CIP)은
서지정보유통지원시스템 홈페이지(http://seoji.nl.go.kr)와
국가자료공동목록시스템(http://www.nl.go.kr/kolisnet)에서 이용하실 수 있습니다. (CIP제어번호 : CIP2018022080)
* 이 책은 교보문고에서 eBook(전자책)으로 제작 · 판매합니다.
* 잘못 제작된 책은 바꾸어 드립니다.